农家书屋促振兴丛书

休闲农业致富28例

彩图版

刘 莉 韩景豹 吴鸿斌 ◎ 主编

XIUXIAN NONGYE ZHIFU 28 LI

中国农业出版社
北 京

图书在版编目（CIP）数据

休闲农业致富28例：彩图版 / 刘莉，韩景豹，吴鸿斌主编．—北京：中国农业出版社，2019.5（2020.1重印）
ISBN 978-7-109-25105-2

Ⅰ．①休… Ⅱ．①刘… ②韩… ③吴… Ⅲ．①观光农业－中国－图集 Ⅳ．① F592.3-64

中国版本图书馆CIP数据核字（2019）第000528号

中国农业出版社出版
（北京市朝阳区农展馆北路2号）
（邮政编码 100125）
责任编辑 张 利 郭银巧

北京通州皇家印刷厂印刷 新华书店北京发行所发行
2019年5月第1版 2020年1月北京第6次印刷

开本：880mm×1230mm 1/32 印张：3.5
字数：87千字
定价：25.00元

《休闲农业致富28例》

编写委员会

编委会主任　张秋生

主　　编　刘　莉　韩景豹　吴鸿斌

编写人员（按姓氏笔画排序）

于冬梅　王　溪　王建伟　白国红
刚爱书　刘书运　刘荣和　闫春雷
孙延斌　李　娟　李会然　李明慧
李恩元　宋利学　张益德　周彦忠
赵　洁　赵洪波　郝志欣　胡晓冬
段培姿　贾志忠　韩　丁　解　民
霍保安

目录

自党的十八大作出推进生态文明、建设美丽中国的决策部署以来，中央1号文件连续4年强调要大力发展乡村休闲旅游产业，并把它作为壮大新产业新业态、拓展农业产业链价值链、推动农业供给侧结构性改革的重大举措。习近平总书记提出“绿水青山就是金山银山”“要让居民望得见山、看得见水、记得住乡愁”，为我们发展休闲农业和乡村旅游指明了方向，开启了加快发展的新征程。

当前，休闲农业和乡村旅游发展面临难得的历史机遇。随着城乡居民收入水平的进一步提高和消费结构的不断升级，休闲旅游需求将更加旺盛。随着消费观念的转变和带薪休假制度的逐步落实，休闲度假将会成为大众化、经常性的消费方式。随着城乡一体化进程的加快，农村基础设施和公共服务将更加完善，乡村的好山好水好风光将更有魅力，城里人到乡村“养眼洗肺、解乏去累”的愿望更强烈。

各地按照“以农耕文化为魂、以美丽田园为韵、以生态农业为基、以创新创造为径、以古朴村落为形”的发展思路，从规范引导、品牌打造、宣传推介、人才培养等方面强力推进，涌现出了一大批形式多样、特色鲜明、效益突出的典型模式。本书通过对15种类型的休闲农业发展模式和28个案例进行归纳总结，向读者介绍河北省休闲农业的示范典型，为广大农民更好地了解休闲农业发展情况、选择适合的发展模式提供借鉴。

一、休闲农庄模式

休闲农庄是以农业庄园为背景，综合食宿、会议、娱乐等多种功能的休闲农业园区。以良好的自然环境、独特的田园景观为重点，为游客提供丰富的农产品、特色的餐饮和住宿，让游客既能欣赏田园风光、观看农业生产活动、品尝和购买安全农产品，又能享受到较高水平的休闲服务。休闲农庄既能满足人们休憩娱乐的精神需要，又能满足尝鲜品味的物质需要，还能满足谈商会友的社会需要，是休闲农业投资者的首选模式。

【案例1】

秦皇岛北戴河集发生态农业观光园

——全国休闲农业与乡村旅游五星级园区、
全国休闲农业与乡村旅游示范点、
全国休闲农业十佳农庄

集发生态农业观光园坐落在驰名中外的北戴河风景区，占地1 500亩*，是一个以设施农业、农家乐旅游为特色的休闲农业园区。园区分为综合活动区、采摘游区、观赏展示区，具有观、住、吃、购、玩五大功能，已开发建设了近200个景点和娱乐项目，每年接待中外游客100多万人次，受到中外游客的好评。园区的连栋智能温室内，大多蔬菜采取无土栽培技术，如立柱式、管道式、墙体式的新奇栽培方法，展现出“蔬菜绕柱、番茄上树、南瓜全

* 亩为非法定计量单位，1亩≈667米^2。——编者注

国最大、丝瓜世界最长”的景观，给人以新、奇、特、美的感受。传统的农副产品加工表演、纺线织布、古老家具和服饰、农家大场院的丰收景象等古老民俗文化已成为一道道靓丽景观。集发生态农业观光园先后获得全国高科技农业旅游AAAA级景区、全国农业旅游示范点、全国休闲农业与乡村旅游五星级企业、全国休闲农业与乡村旅游示范点、全国十佳农庄、河北省十佳现代休闲农业园区等称号。

冬欢节

滑雪场

丝瓜长廊

南瓜王聚会

水培蔬菜

【案例2】

宣化假日绿岛生态旅游有限公司

——全国休闲农业与乡村旅游示范点、全国休闲农业与乡村旅游五星级园区、河北省十佳现代休闲农业园

宣化假日绿岛生态旅游有限公司位于世称"神京屏翰之域"的宣化，靠近G7高速胶泥湾出口。将体验田园生活融入农耕乡土文化中，通过合理改造、适度开发，将农业与自然、人文景观以及旅游业相结合，建成了集餐饮、农业观光、农业科技示范、动植物新品种培育、旅游、有机蔬菜与水果种植、采摘销售、休闲垂钓为一体的休闲农业园区。目前设有综合服务区、休闲服务区、锦鲤养殖观赏及休闲垂钓区、农耕文化展示和农家生活体验区、特色果蔬种植园区、高效农业示范区、珍禽动物园、"乡村花海"文化园、儿童乐园、马场休闲区。

园区大门

专家点评：

休闲农庄既能满足人们休憩娱乐的精神需要，又能满足尝鲜品味的物质需要，还能满足谈商会友的社会需要，是休闲农业投资者的首选模式。由于大多存在着经营者自行设计或照搬照抄，造成外观雷同、功能接近等问题，往往使游客审美疲劳。因此，建设休闲农庄要突出有特色的主题，要利用原有的人文、自然资源创造独特的景观形象，突出特色农业文化内涵，营造具有吸引力的氛围。

水果采摘

拓展训练

锦鲤垂钓观赏园

生态餐厅

乡村花海

观光车

餐厅大堂

二、农业科技园模式

农业科技园是在农业科研基地的基础上，利用科研设施当吸引，以高新农业技术为内容，向游客展示新技术、新品种，使游客学习农业技术知识的休闲活动，是集农业生产、科技示范、科研教育为一体的新型科教农业园。高科技园区直观地展现农业高新技术在农业生产中的应用，让人们在休闲活动的同时，切实体会高科技带给农业的变化。此模式非常受广大游客特别是青少年学生的欢迎。

【案例3】

河北冠志农业科技有限公司

——全国休闲农业与乡村旅游四星级园区

河北冠志农业科技有限公司是以绿色、高效、健康、环保为理念，采用最先进的现代化管理技术，重点发展高品质果蔬、城市绿化苗木以及高科技名特新优果蔬引种，全力打造集种植、采摘、观光休闲于一体的绿色、高端农业园区，建设了六大功能板块：高端苗木繁育种植区、育苗区、生态林业种植区、设施蔬菜种植区、观光采摘区、休闲游乐区。公司以智慧农业引领农业产业发展，涵盖农家乐、生态村、农业园区等多主题、多类型、多业态，形成农产品采摘、休闲健身娱乐、旅游、都市科普等富有乡村特色的休闲农业发展模式。

景观门

葡萄长廊

蔬菜管道栽培

物联网

高端玻璃智能温室

太阳能垃圾桶

大长今黄瓜

水肥一体化

蔬菜礼盒

温室蔬菜

【案例4】

新苑阳光环京津安全农产品产业园

——全国休闲农业与乡村旅游四星级园区

新苑阳光安全农产品产业园是以现代都市农业为基础，建设一个融现代农业科技展示推广基地、循环农业示范展示基地、工厂化现代育苗基地、安全农产品冷链物流仓储基地、生态旅游度假休闲基地、青少年科普教育基地、新型农民培训基地、节水灌溉水利风景区为一体的新型现代农业示范园区。园区以高新农业技术为导向，重点规划科技集成展示区、集约化蔬菜育苗区、高效安全蔬菜生产区、冷链物流仓储区、生态观光体验区、水循环利用风景区、中草药种植生产区、生态养殖区等功能区。特色景点主要有中央景观水系工程、景观木屋、集装箱展厅、集装箱酒店、沼气工程、光伏区养殖等。

现代农业综合示范展示中心

专家点评：

高科技园区直观地展现农业高新技术在农业生产中的应用，让人们在休闲活动的同时切实体会高科技带给农业的变化，非常受广大游客特别是青少年学生的欢迎。但园区内的生产技术人员需要具备较高的农业科技水平，最好与科研单位、大专院校合作，在农业专家的指引下开发建设。

科技集成展示区——露地滴灌

科技成果展示区——草莓采摘

科技集成展示区——无土栽培

高效安全生产区——露地蔬菜

三、采摘园模式

采摘是休闲农业一个非常重要的体验活动，采摘园也是最为传统的休闲农业经营业态，收益直接，因此分布最广、数量最多。市民通过参加采摘活动，亲自收获新鲜质优的蔬菜瓜果，亲身体验农业生产、农耕文化和特殊的乡土气息，从中体验自摘、自食、自取生活的田园乐趣。

【案例5】

石家庄紫藤西山庄园

——全国休闲农业和乡村旅游四星级园区、河北省休闲农业和乡村旅游示范点

紫藤西山庄园是集果蔬采摘、良种示范、农业观光、休闲娱乐、会议餐饮、科普宣传等为一体的综合型农业科技园区，“紫藤葡萄”已通过中国绿色食品认证，被评为中国名优农产品、河北省名牌产品。现有4 000米^{2}智能温室、日光温室5座，塑料大棚83座，栽植优质葡萄、蔬菜、草莓、鲜杏等特色农产品。现已建成艺术广场、游客中心、运动馆、儿童乐园、动物乐园、生态餐厅、音乐喷泉、步步高升桥、称心如意台、紫藤恋爱隅等设施。庄园以优美的环境、诱人的葡萄、醇香的美酒、热情的服务赢得大批游客的青睐，年接待游客10万人次，被誉为“休闲福地，采摘乐园”。

园区特色餐饮区

紫藤园区

儿童娱乐区

游客休闲度假

农业观光

葡萄采摘

【案例6】

内丘百果庄园

——河北省四星级休闲农业采摘园、全国农业旅游示范点

内丘百果庄园是集住宿、餐饮、商务会议、农业观光、农业科技示范、动植物新品种培育、旅游、有机蔬菜和水果种植、采摘销售、休闲垂钓为一体的创新型高科技园区。目前已建有六大功能区，即休闲度假住宿区、生态餐饮服务区、种植采摘区、田园风光区、垂钓区、健身娱乐游戏区。百果庄园以生态农业开发

为基础，以创造优美的自然环境和生产优质的绿色农产品为宗旨，开发荒山造地上千亩，引进名、优、特、稀树种165多种、31余万株，分为桃树、杏树、李子、核桃、苹果、大枣、石榴、桑椹、葡萄等67个植物区和大棚蔬菜区。是久居城市的人回归自然、追求野趣、体味“住一天农家屋，干一天农家活，吃一家农家饭”乐趣的理想度假胜地，也是学校进行“寓教于游，寓教于乐”的科普教育理想之地。

专家点评：

发展采摘园，可以提高农产品附加值，节省农产品采摘费用和运输费用。但是采摘的季节性较强，容易造成设施的闲置浪费。因此，既要注意产品的合理种植，又需拓展其他方面休闲体验的内容。

百果庄园入口

百果庄园赏梨花

石　榴

葡萄采摘

吊　桥

四、观光休闲模式

利用农村优美自然景观、奇异山水、绿色森林、静荡湖水、生态湿地，通过规划、设计与施工，发展观山、赏景、登高、森林浴、滑水等休闲旅游活动，吸引游客前来观赏、习作、体验、休闲、度假。观光休闲依托当地独特的自然资源，能够形成独特景观。

【案例7】

平山县沕沕水生态风景区

——河北省休闲农业与乡村旅游示范点、河北省五星级休闲农业园、全国休闲农业与乡村旅游四星级园区

沕沕水生态风景区位于河北省平山县北冶乡，经过十多年的建设，已成为集休闲农业、自然风光、人文景观、红色旅游、宗教文化、古人类遗址于一体的旅游景区。观光园依托秀丽的自然风光、淳朴的乡土风情，形成林果种植采摘区、特色养殖区、高效农业区、休闲服务区等多个功能板块，形成了绿色与乡村的完美组合，成为沕沕水生态风景区重要的收入来源及当地乡村脱贫致富的重要支柱。

空中画廊

秋 色

百丈飞瀑

划船体验

瀑　布

水　潭

泉华台

解放战争时期建设的水力发电站

春游乐

天 池

冰灯景色

冰瀑体验

冰灯欣赏

游客留念

飞天小镇

【案例8】

河北省围场县御道口村

——中国美丽休闲乡村

御道口村北邻御道口牧场、塞罕坝机械林场两个国家AAAA级风景区，南与五道沟国家级自然保护区毗邻，森林草原覆盖率达60%以上，蘑菇、榛子、蕨菜等山野珍品丰富，有野猪、狍子、獾子、狐狸、野兔、野鸡等野生动物10余种。小滦河蜿蜒贯穿全村，地貌奇美，空气清新，负氧离子含量与塞罕坝森林公园持平，地理位置得天独厚。御道口村围绕旅游做文章，成立了旅游合作社，按照"草原生态小镇、休闲度假小镇、清洁能源小镇"的发展定位，打造了小滦河国家湿地公园、康熙饮马驿站、飞天小镇、满蒙文化一条街、御道河谷等旅游休闲项目，走出一条生态保护与农民致富相结合的双赢之路，真正实现了生态美、农民富。

御道河谷

御道口村

专家点评：

观光农业依托当地独特的自然资源，投入少、收益高。一般选在自然资源条件好、能够形成独特景观、紧靠旅游线路的地区建设，要统筹考虑农业功能与休闲功能的合理发挥，达到生产性与观赏性两相契合，实现效益互补。

小滦河湿地公园

飞天小镇机场

整洁的街道

康熙饮马驿站

田园牧歌

康熙饮马驿站

风力发电

秋 景

小滦河湿地

油菜花海

小滦河湿地

小滦河

五、农事景观模式

利用当地资源环境、现代农业设施、农业经营活动、农业生产过程、优质农产品等，以大田农业和果林业为重点，开发特色果园、菜园、茶园、花圃等，让游客观看绿色景观，亲近美好自然。景观农业是在保证正常农业生产的同时进行的休闲农业活动，面积规模较大、游客的季节性较强。

【案例9】

河北兴丰农业科技有限公司丰尔庄园

——河北省休闲农业与乡村旅游精品品牌

丰尔庄园位于河间市景和镇的景和田园景区，以生态农业景观、农作物、畜禽动物、农事活动等为主要元素，供亲子家庭游乐、体验，将文化创意农业景观、农产品、农业技术展示、文化创意农业节事活动体验融入其中，开展亲子农园模式，让游客享受田园休闲生活，体验传统农业与现代服务业的高度融合。园区设有千亩花海、环宇马术俱乐部、景和田园摩天轮、梦田-星空帐篷房车酒店、四季硕果采摘区、蜜蜂园、恐龙园、孔雀园、丰尔欢乐庄园、丰尔水上乐园、马术表演、警犬表演等特色项目。

游客接待中心
Tourist rece ption center
游客服务中心
Tourist Service Center

游客接待中心

帐篷酒店

丰尔庄园马术表演

丰尔庄园油菜花海

【案例10】

柏乡县汉牡丹花卉开发有限责任公司

——全国休闲农业与乡村旅游四星级园区

汉牡丹园占地面积530亩，是以牡丹、芍药及四季花卉旅游观光、苗木繁殖、牡丹错季开花培育销售及果蔬种植采摘于一体的多功能园区。园区是中国牡丹、芍药资源保护基地，以世界牡丹的活化石——神奇的汉代牡丹总领群芳，囊括了洛阳、菏泽、安徽、四川、甘肃以及日、美、法等国内外牡丹、芍药珍品全部九大色系上千个品种，堪称世界牡丹花的总汇。神花苑内，除汉代牡丹外，还存放着柏乡县东汉至晚清的石刻100多件，这些珍贵文物与汉牡丹交相辉映，形成了独特的汉牡丹文化。

汉牡丹园门楼

专家点评：

景观农业是在保证正常农业生产的同时进行的休闲农业活动，面积规模较大、游客的季节性较强，旺季的接待管理是问题焦点。因此，要划分出一定区域用于开展休闲、接待，不宜建立永久设施，淡季时可以转换进行正常的农事生产。

镜花苑

锦鲤湖

赏牡丹

紫云廊

六、亲水渔趣园模式

利用渔业自然环境和渔业生产的场地、渔具、渔业产品、渔业生产过程、水生生物及渔村人文资源，让游客参与水上娱乐及对渔村、渔业的体验活动，发挥水资源与渔业的休闲旅游功能。休闲渔业让人们从原来的捕鱼、养鱼的生产活动转到钓鱼、赏鱼的精神娱乐，既提高了经济效益，又保护了环境和资源，市场潜力巨大。但是渔业生态系统脆弱，水资源及近岸海域又容易遭受污染威胁，因此需要极高的维护成本。

【案例11】

渔岛海洋温泉景区

——全国休闲农业与乡村旅游五星级园区

渔岛是秦皇岛冀弘渔岛温泉度假村有限公司建设的一家以休闲渔业、温泉度假养生、旅游观光为核心产品的综合性旅游景区。景区集养殖、垂钓、观光、游乐、休闲度假为一体，具有优质的海滨浴场，大面积原生态森林，天然形成的沙山、沙湖及来自千米以下岩层的氟型淡温泉，自然资源得天独厚。建有游船入岛、滑沙冲浪、渔民岛、薰衣草园、有机蔬菜大棚种植基地、水生动物表演、海水鱼垂钓、海滨浴场、泡温泉看海等20多个特色项目。

渔岛
海洋温泉景区
Ocean hot spring scenic spot
第三届"秦皇岛之夏"海洋文化节
暨渔岛文化旅游节开幕式

渔岛正门

渔岛沙滩

渔岛温泉

室内温泉

热带植物

海豹观赏

飞人表演

双人飞天

薰衣草产品

薰衣草风车

秦皇岛渔岛景区

【案例12】

平山县东方巨龟苑

——全国首批农业旅游示范点

东方巨龟苑位于平山县东南部，太行偎依，冶河环绕。由全国劳模、平山县农民范海庭在科学养殖甲鱼13年的基础上利用当地独特的自然及历史文化资源所开发。景区包含有万吨巨龟和跨世纪献礼牌楼两项吉尼斯世界纪录，有红、绿、古、新景点81处，形成了集旅游观光度假、水上娱乐休闲、生态农业养殖、爱国科普教育及健康美食娱乐为一体的大型综合性旅游区。主要景点有万吨巨龟、跨世纪牌楼、海底世界、千米画廊、甲鱼养殖基地、华夏历史园林、花卉园、水果采摘园、水岛乐园、冶河漂流、大型滑草场、冰雪乐园等。另外，利用甲鱼生产的甲鱼息码酵酒，酒香浓郁，独具特色。其甲鱼全席、农家餐别具一格。

吉尼斯纪录万吨巨龟

专家点评：

休闲渔业让人们从原来的捕鱼、养鱼的生产活动转到钓鱼、赏鱼的精神娱乐，既提高了经济效益，又保护了环境和资源，市场潜力巨大。但是渔业生态系统脆弱，休闲渔业需要极高的维护成本。因此，建设前要进行系统规划和市场分析，因地制宜地建设风格独特的渔业休闲园区。

千米历史浮雕

冶河漂流

龙舟赛

学生参观华夏历史园林

世纪龙庭

千米画廊

南瓜长廊

水果采摘

牡丹园

民俗表演

七、农耕文化古村落模式

依托农耕文化、农村习俗、农业文明和古村落等资源，为游客提供体验浓郁乡土风情和了解传统民俗文化等服务，开展农业文化休闲。高层次的文化旅游已经成为经济时代的新热点和新潮流，因此要对自身的人文优势和自然优势进行深度挖掘，应用本地区独特的条件创造性地开发新的农耕文化休闲产品，农耕文化园具有广阔的前景。

荣誉石碑

【案例13】

涉县王金庄一街村

——中国最美休闲乡村

王金庄位于涉县县城东北部，2014年以王金庄一街村为核心的“河北涉县旱作梯田系统”被农业部评为“中国重要农业文化遗产”，被联合国世界粮食计划署专家称为“世界一大奇迹”“中国第二长城”。王金庄梯田建造历史悠久，梯田里农林作物丰富多样，谷子、玉米、花椒等漫山遍野，呈现春华秋实的壮丽景象，迸发出人与自然的和谐之美，展现出震撼人心的大地艺术。

古板街

石板巷

旱作梯田标志

老房子

村落一角

梯田花椒采摘

王金庄一街村旱作梯田

写生基地

月亮湾

【案例14】

邯郸市永年区广府镇东街村

——中国美丽休闲乡村

东街村依托永年广府古城，以“农业观光体验产品”为核心，把农业生产、农产品销售和休闲娱乐结合起来。在休闲娱乐、品尝农家美食、体验农业生产、体会采摘乐趣等方面整体规划，注重人文资源和农业资源的开发，形成一种综合性的观光园区。建有国际太极文化交流中心、千亩农业观光园、天下第一单孔石桥、千年古刹甘露寺及孔雀园、百花园、荷花园、国家级垂钓比赛基地、冰雕艺术展馆和恐龙彩灯文化艺术展馆。另外，还建设了民风民俗文物展览馆。实现了模式多样化、功能全面化，达到了经济效益、社会效益的统一。

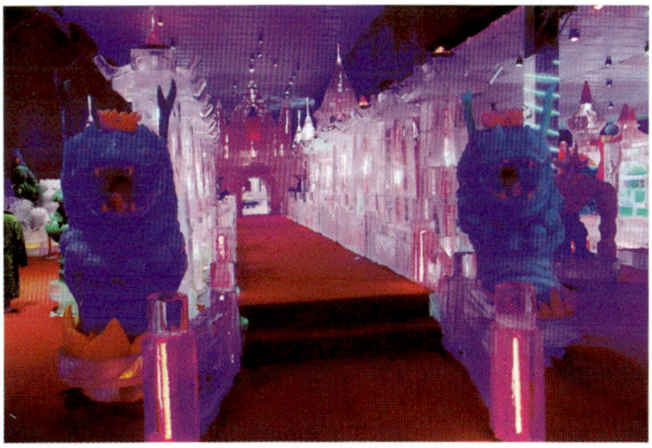

冰雕艺术展

生态大厅

广府甘露寺

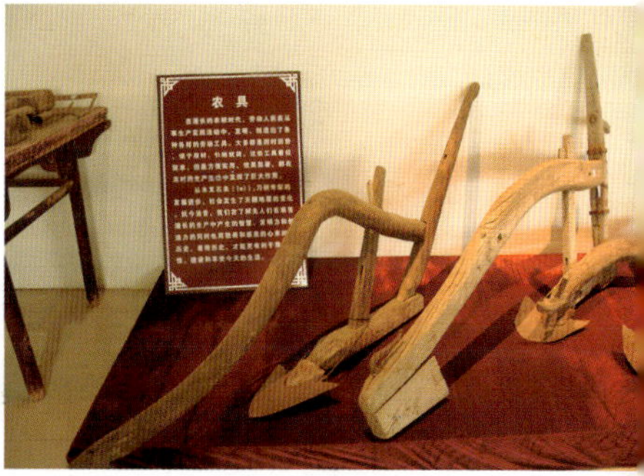

民俗展

【案例15】

迁西县太阳峪满族民俗休闲旅游度假村

——全国休闲农业与乡村旅游四星级园区

唐山市迁西县汉儿庄乡太阳峪满族民俗休闲旅游度假村是太阳峪村办企业。2007年，太阳峪立足满族民俗、青山绿水这两大优势，提出板栗立村、渔业富村、旅游强村的发展思路，以“体验民俗风情、游览青山绿水、品尝生态美食、感受画境栗乡”为主题，发展乡村旅游，打造门前种鲜花、河沟鱼戏虾、炕上农家饭、八旗玩嘎啦、院内鸡和鸭、村头葫芦架、栈道连满家、垂钓月亮湖八大景点，该村被称为“生态漂亮宁静的村庄”。

专家点评：

古村落虽然具有显著的吸引力，但是由于古村落一般地理位置比较偏远幽静，交通不太发达，民俗风情都保留得较为完整，基础设施不太完善。古村落旅游经营者要注意保护和开发相结合，保护是为了延续古村落的独特价值，开发是为了规范管理、塑造品牌。同时要尊重当地居民的意愿，保护他们的利益。

唐山迁西太阳峪

广　场

八旗广场凉亭

农家院

四合院

八、休闲酒庄模式

休闲酒庄是以酿酒原料（如葡萄、谷子等）的种植、观光、酿造、酒文化展示汇聚一体，通过建设酿酒作坊、酒窖、酒庄展馆、餐厅、乡间旅馆等，形成生产、体验、休闲相结合的休闲形式。每个酒庄都需要靠自身的独特魅力去吸引游客，提升自己的品牌形象。尽管每个酒庄的功能特点不完全相同，但至少有两点是所有酒庄都要努力做到的：一是拥有个性化的美酒，二是有吸引人的自然环境、生产方式或酒文化。

【案例16】

定州市黄家葡萄酒庄

——全国休闲农业与乡村旅游五星级园区

定州市黄家葡萄酒庄占地1 200余亩，分为葡萄种植区、生态休闲区、历史文化区、葡萄酒酿造区和餐饮服务区五部分。是一个集种植示范、科技推广、加工酿造、休闲观光为一体的农业生态园。黄家酒庄在酿制天然、绿色、原汁、精品葡萄酒的同时延长产业链，打造生态园林和田园风光，还挖掘当地人文历史文化如黄帝大营旧址、晏阳初平教会农事试验场旧址、黄家疙瘩、人文石等。人们在旅游的同时不仅能了解到葡萄酒的文化，还能了解历史文化故事。

黄家愚公门

黄家酒堡

葡香苑餐厅

人工湖

黄家葡萄

葫芦瓜

餐厅大门

黄家圆梦宾馆

黄家酒庄迎宾路

春花烂漫

黄家石桥

梨花节

黄家的春天

千亩葡萄园

铁索桥

温室葡萄

春色满园

【案例17】

长城桑干酒庄

——河北省十佳现代休闲农业园区

长城桑干酒庄是国内葡萄酒行业建园最早、树龄最长、品种最全的酒庄。坐落于河北沙城的桑干河流域，位于北纬40° 4′、东经115° 16′，具备了种植最好的酿酒葡萄所需的一切自然条件，独特的泥河古化石土壤葡萄园，赋予了这片土地别样的灵魂，2010年、2012年、2013年先后在布鲁塞尔国际葡萄酒、烈酒评酒会上荣获金奖。长城桑干酒庄着力打造集体验葡萄酒文化、休闲、餐饮、高端住宿于一体的综合酒庄，游客可以体验通过GAP及有机食品认证的鲜食葡萄及蔬菜采摘、桑干印象葡萄酒文化博物馆、终年恒温恒湿的地下酒窖、800多亩泥河古化石土壤葡萄园、国宴桑干美酒品鉴、葡园酒店及葡萄酒主题餐饮，感受葡萄酒文化，了解葡萄酒历史。

桑干酒庄

专家点评：

每个酒庄都需要靠自身的独特魅力去吸引游客，提升自己的品牌形象。尽管每个酒庄的功能特点不完全相同，但至少有两点是所有酒庄都要努力做到的：一是拥有个性化的美酒，二是有吸引人的自然环境、生产方式或酒文化。

桑干酒庄

桑干酒庄

桑干葡萄园

餐　厅

茶　室

休息室

品酒室

酒　窖

采摘葡萄

九、红色旅游农业模式

红色旅游农业是指在原有的红色旅游基础上努力发掘农业旅游资源，形成以红色旅游为主、乡村旅游为辅的新的休闲农业模式。革命纪念地和乡村、田园交融，成为人民净化心灵、陶冶情操的新场所，增强人们精神力量的同时，也为革命老区经济发展和当地农民增收致富开辟了新途径。

【案例18】

迁西县喜峰口板栗专业合作社
京东板栗大观园

——河北省十佳现代休闲农业园、全国休闲农业与乡村旅游五星级园区

京东板栗大观园位于中国著名的板栗之乡迁西县，这里是中国抗日战争时期《大刀进行曲》诞生的地方。迁西县喜峰口板栗专业合作社以2万亩有机板栗基地、喜峰口长城抗战遗址、喜峰雄关大刀园红色旅游景区和潘家口水库水下长城为依托，建立了有机板栗采摘园、有机栗蘑采摘园、野生植物采摘园和垂钓园，使游客三季有果摘、四季有鱼钓。合作社对长城抗战遗址进行了整体改造和保护，建立了抗战生活体验区，推出餐桌爱国教育平台。目前，喜峰口长城抗战遗址正式列入国家级抗战纪念设施、遗址名录，成为全国红色旅游经典景区、国家级文物保护单位、国家级AAA景区、河北省爱国主义教育基地、河北省科普示范基地、省级名胜风景区、省级国防教育基地。

板栗采摘园

栗蘑采摘园

纪念碑

主题雕塑

水上长城

喜峰口云海

板栗采摘

栗蘑采摘节

创意大赛

游客接待中心

【案例19】

冀州市北内漳村

——中国最美休闲乡村

北内漳村位于冀州市城南，抗日战争时期，冀鲁豫党校校址就在该村。党校纪念馆前身是冀鲁豫边区省委党校，创办于1938年，一大批军政干部从这里走向抗日战场，为抗战胜利提供了坚实的干部人才保障。徐向前、陈再道、宋任穷、杨秀峰、李菁玉等曾在该校执教，《平原枪声》作者李晓明曾在这里学习过。该村目前已建成八大功能区，即休闲度假住宿区、生态餐饮服务区、种植采摘区、苗木药材花卉观赏区、田园风光区、垂钓区、红色旅游区和养殖区。先后获得全国“文明村”“小康示范村”“民主法治示范村”、河北省“美丽乡村”和“中国最美休闲乡村”称号。

专家点评：

革命纪念地大多还比较贫穷落后，但是那里生态环境好、文化底蕴深，在发展红色旅游的同时融入生态、文化、新农村建设、地方特产和农家菜肴，会实现文化传承、生态保护、经济发展和脱贫致富等方面的“多赢”。

冀州市北内漳村村庄标示

冀州市北内漳村新民居全貌

参观学习

党员学习

党　校

党校纪念馆

开展红色教育

十、农业公园模式

农业公园是近年来乡村休闲度假和农业观光的综合体，涵盖了园林化的乡村景观、生态化的郊野田园、景观化的农耕文化、产业化的组织形式、现代化的农业生产，是一个更能体现和谐发展模式、浪漫主义色彩、简约生活理念、返璞归真追求的现代农业园林景观与休闲、度假、游憩、学习的规模化休闲农业与乡村旅游综合体。

【案例20】

邢台县前南峪

——中国农业公园、全国休闲农业与乡村旅游五星级园区

前南峪村由十大景区组成，其中开发供游客游览面积为38平方公里，由抗大观瞻区、生态观光区、化山揽胜区景区组成，区内有人文景观和自然景观180多处，是一处集传统教育、科学考察、生态观光、消夏避暑、回归自然、休闲度假为一体的综合景区。曾荣获“全球五百佳”提名奖、全国造林绿化千佳村、国家水土保持示范小流域、国家科普示范教育基地、国家AAAA级旅游景区等荣誉称号。

前南峪景区大门

前南峪景区万亩珍果园

抗大纪念馆

洗砚池

横观吊桥

珍果园

武则天册封的千年板栗王

游客采摘

前南峪新农村

【案例21】

易县于家庄

——中国农业公园

于家庄中国农业公园，由易县狼牙山中凯大酒店集团有限公司承建，位于狼牙山休闲农业园的核心区，总面积约55平方公里。公园建设内容主要包括生态乡村景观、万亩花海、农村文化展示、现代休闲农业和历史文物保护等。目前，园区现已建成万亩油菜园、千亩牡丹园、千亩玫瑰园、千亩葵花园、狼牙山百花园、狼牙山郁金香园、狼牙山蓝香芥园、狼牙山樱花园、狼牙山大型音乐喷泉、狼牙山滑雪场、狼牙山欢乐谷及水世界多个项目。

油菜花

专家点评：

农业公园作为一种新型的旅游形态，以原住民生活区域为核心，把农业生产场所、农产品消费场所和休闲旅游场所结合，既不破坏或影响原有的农业生产、农民生活及农村体系，又按照公园的经营思路，引进了城乡建设的精华及优质资源，为解决三农问题与城乡一体化提供了范例。

花 池

牡 丹

花海狼牙山

向日葵

游乐场

十一、特色小镇模式

特色小镇指以某种根植于当地、具有极强发展潜力的特色主导产业的核心环节为主体，以领军型团队、创新型人才和高端创业要素集聚为核心，以地域人文底蕴演化形成的创业创新文化氛围为纽带，以完善的公共服务、优美的宜居环境、精致的建设风貌为外在表现的，具有特色产业导向、景观旅游和居住生活功能的村镇。

【案例22】

武强县周窝音乐小镇

——中国美丽休闲乡村

武强县周窝音乐小镇由武强县政府和北京璐德文化艺术中心联合打造。通过对周窝村进行包装改造，将小镇内沿街店铺承租，统一包装，新建音乐吧、咖啡屋、音乐饰品屋、专家别墅、音乐制作室等娱乐休闲场所，吸引国内外音乐家长驻周窝。同时，通过每年固定时间组织开展国内、国际音乐交流活动，如麦田音乐节、吉他文化节等，带动音乐人才输出、音乐创作、乐器销售、餐饮酒店等相关产业发展。

入　口

提琴体验馆

茶餐厅

街　景

文化墙

街　道

民族乐器屋

金音萨克斯公社

篱笆院一隅

篱笆院

吉他教室

品農 taste agriculture
書吧

街 景

2012中国武强音乐节
暨河北省第二届非职业优秀管乐团队展演
JI HEBEISHENG DIERJIE FEI ZHIYE YOUXIU GUANYUE TUANDUI ZHANYAN

音乐节

【案例23】

馆陶县粮画小镇寿东村

——河北美丽乡村

寿东村以粮画为支撑，设立“粮画基地”“粮画博物馆”“全国粮食画研究会”“互联网+乡村旅游制作室”等不同类型的产业空间，并流转旧院落打造文创工作室、手工体验室等项目，建设了游客中心、停车场、旅游厕所、标示标牌等旅游公共服务设施，打造出具有“乡村风情、城市品质”的“粮画小镇”，一跃成为“国家AAA级旅游景区”“中国十大最美乡村”“第四届全国文明村镇”“河北省美丽乡村”“河北省文明村”。

粮画小镇的姑娘们在做粮食画

专家点评：

特色小镇不是传统的工业园区，不是旅游景区开发，不是房地产开发，建设要坚持特色产业、旅游产业两大发展架构，功能上实现“生产+生活+生态”，形态上具备独特的风格、风貌、风尚与风情，避免不具备产业基础、盲目“跟风”。

国际范儿的粮画小镇

农家餐厅

家和万事兴

纵横千里

咖啡屋

葡萄长廊

画 卷

干净整洁的街道

粮画展室

十二、农村产业融合发展示范园模式

农村产业融合发展示范园是指在农村一二三产业融合特色鲜明、融合模式清晰、产业集聚发展、利益联结紧密、配套服务完善、组织管理高效，具有较强示范作用，发展经验具备复制推广价值，且经认定的园区。示范园通过农村一二三产业融合渗透和交叉重组，利用新技术、新业态、新商业模式，实现延伸农业产业链、提升农业价值链、拓展农业多种功能、培育农村新产业新业态。

【案例24】

南和农业嘉年华

——河北省休闲农业示范点

南和农业嘉年华是首批国家农村产业融合发展示范园之一，由南和县政府与中国农业大学合作，在河北省打造的第一个大型农业综合经济体项目。该项目位于南和县贾宋镇，是以农业生产活动为背景，以国际化娱乐狂欢作为载体的一种农业休闲体验模式，集餐饮、商务会议、会展、农业观光、农业科技示范、娱乐休闲、旅游、有机蔬菜和水果种植、采摘销售为一体，目前已建成五个功能区：综合服务区、创意风情馆、生态餐厅、农业迪士尼主题乐园和农业采摘体验区。先后获得“国家AAA级旅游景区”“河北省十大文化产业项目”等多项荣誉。

入　口

大　门

餐 厅

园区景观

郁金香

乌塌菜立体种植

草莓采摘

草莓节

种植体验

游客观光

省非物质文化遗产

汉式婚礼

【案例25】

承德兴春和“大清皇庄”休闲农业园区

——河北省五星级休闲农业园

“大清皇庄”由承德兴春和旅游发展有限公司投资建设，是首批国家农村产业融合发展示范园之一。园区位于河北省承德市滦平县大屯乡兴洲村，秉承“以皇庄文化为魂、以生态有机为本、以鲜活健康为基调、以优质服务为保障”的发展路线，已建成庄主大院住宿项目、康熙行辕蒙古营区露营项目、生态餐厅餐饮项目、临水别墅房车项目、有机果蔬采摘项目、动植物观光项目，娱乐休闲消费项目、水上高尔夫项目等。先后获得河北省农业扶贫龙头企业、河北省农业产业化龙头企业称号，并被确定为河北省环首都现代化农业开发示范园区。

景区大门

专家点评：

农村产业融合发展示范园在农业生产的基础上融合农产品加工、休闲农业、农村电商等项目，实现多模式融合、多类型示范，建设要留住"故土情"，体会"乡愁味"，增强"获得感"，打造"新样板"，助力乡村振兴。

别墅区

园区概况

草莓采摘

游客采摘

蒙古包

温室参观

邻水别墅

十三、现代农业庄园模式

现代农业庄园是在具备独立法人资格的国有农场基础上，以现代化农业生产为基础，依托庄园自然和人文资源，深度开发旅游观光、休闲度假、健康养老、科普文化等多种功能，并形成多种形态的旅游产业集聚区和旅游综合体。现代农业庄园创建工作由国家旅游局和农业部于2016年年底启动，在全国国有农场范围内组织开展国家现代农业庄园创建工作，计划到2020年建成100个。

【案例26】

文安鲁能领秀庄园

文安鲁能领秀庄园是文安县国有界围农场和山东鲁能集团共同打造的，总占地9 389亩。该项目秉持“生态优先，绿色发展”理念，立足文安洼典型湿地风情特色，以世界著名庄园为蓝本，规划建设了2 000亩湖泊水岸、度假酒店、葡萄酒堡、温泉中心、文化小镇、生态农场、景观牧场、休闲运动、健康疗养、田园花海等，打造集休闲、养生、微度假功能于一体的大型综合园区。

专家点评：

现代农业庄园是兼顾现代农业技术、科学种植示范、农副产品开发、生态观光体验等功能的综合性产业园区，有明确的范围和规模。要求以规模化种养基地为基础，依托农业产业化龙头企业带动，聚集现代生产要素，农业生产、休闲旅游等各项功能相互协调、有机融合。

庄　园

夜　色

十四、田园综合体模式

田园综合体作为乡村新型产业发展的亮点措施被写进2017年中央1号文件，是以农民合作社为主要载体、让农民充分参与和受益，集循环农业、创意农业、农事体验、现代农业、休闲旅游、田园社区为一体的特色小镇和乡村综合发展模式，是在城乡一体格局下，顺应农业供给侧结构性改革、新型产业发展，结合农村产权制度改革，实现中国乡村现代化、新型城镇化、社会经济全面发展的一种可持续发展模式。

【案例27】

迁西县花乡果巷田园综合体

——全国首批田园综合体

迁西县花乡果巷田园综合体是全国第一批10个国家级田园综合体试点之一，以“山水田园、花乡果巷、诗画乡居”为规划定位，涵盖12个行政村。整个项目区域划分为“一镇四区十园”，一镇即花乡果巷特色小镇。四区即百果山林休闲体验区、浅山伴水健康养生区、记忆乡居村社服务区、生态环境涵养区；十园即十大项目产业园，主要包括梨花坡富贵牡丹产业园、五海猕猴桃庄园、黄岩百果庄园、松山峪森林公园、莲花院颐养园、神农杂粮基地、CSA乡村公社、游客集散中心、玉泉农庄、乡村社区旅游廊道。

专家点评：

田园综合体强调农业产业发展、生态环境建设、乡村田园社区建设以及农村集体经济、村民的共同参与和就业增收，对于培育农业农村发展新动能、加快城乡一体化步伐、推动农业农村实现历史性变革具有深刻的历史意义和重要的现实意义。

花乡果巷——鸟瞰图

马家沟国学村

花乡果巷休闲农业园景

梨花盛开

鲜果采摘

牡丹园

村　落

十五、露营地模式

露营地是具有一定自然风光，可供人们使用自备露营设施如帐篷、房车或营地租借的小木屋、移动别墅、房车等外出旅行短时间或长时间居住、生活，配有运动游乐设备并安排有娱乐活动、演出节目的具有公共服务设施、占有一定面积、安全性有保障的娱乐休闲小型社区。

【案例28】

迁西栗香湖花果山房车露营地

——全国休闲农业与乡村旅游四星级园区

迁西栗香湖花果山房车露营地处于迁西水韵文化旅游带和休闲农家乐的核心区域，整个营地占地2 000亩，是全国首批五家、河北省唯一一家国际标准化自驾车、房车营地。目前，营地现有自驾式房车营位48个、营地车10辆、帐篷酒店8顶、木屋12栋、自驾车帐篷营位66个，还开辟了餐饮休闲区、采摘区、垂钓区、写真区、养殖区、信鸽投放区等专区，已成为集休闲、娱乐、观光、度假于一体，汇餐饮、住宿、旅游、购物于一身的多功能综合项目体。是河北省新型休闲农业及林下经济的特色品牌。

专家点评：

露营地要建设在远离城市、风景秀美、贴近大自然的区域，那里生活所需的住宿、饮食、卫生、休闲、娱乐以及日常所需的种种设施场地都要具备，体验内容是不同于城市快节奏的娱乐项目，人们可以选择自己喜爱的自由、随意、放松的生活方式来体验生活、放松心情、增进感情。

栗香湖别墅

栗香湖

栗香湖车场

栗香湖房车露营地

栗香湖别墅区

栗香湖园区

栗香湖园区

后　记

对休闲农业发展的几点认识

休闲农业是以农业生产为基础，以观光休闲为目的，以服务游客为手段，以农业增效为目标，是农业和旅游业相结合、跨越一二三产业的新型业态。休闲农业立足于“三农”，融合于“三产”，定位于生产、生活、生态“三生”，具备了季节性、资源多样性、可参与性“三性”，是社会经济发展进入新阶段的产物，是农业多功能的拓展和延伸，是现代农业的重要组成部分。当前休闲农业已上升为国家发展战略，成为农业发展的热点，取得了突出的成效，但是也难免存在一些问题，主要表现在：在开发建设上，园区布局不合理，功能不配套，市场定位不准，存在着一定的无序性和盲目性；在项目设置上，同质化现象严重，缺乏对农耕文化的深入开发，缺乏对农产品的深加工与特色营销；在内部管理上，一些园区管理粗放，没有建立起规范的企业管理机制、规章制度和管理机制尚不健全。在设施配套上，一些园区缺乏安全、消防、应急、医疗、食宿、解说系统等为休闲服务的基础设施。这些问题如不重视，将会阻碍休闲农业的发展。因此，发展休闲农业要把握以下关键。

1. 公共设施是休闲农业发展的基础

由于休闲农业园区主要集中在郊区及农村，基础设施薄弱，而节假日期间集中的客流会对当地的基础设施造成很大的压力，尤其是交通运输、餐饮住宿及游客安全等方面。因此要重视公共基础设施的建设。

一是休闲农业园区要依托高速公路等交通要道进行规划，另外还要将停车场、公共交通等基本设施加以完善和调整，为消费群体提供便利，减少不必要的麻烦。二是园区内要建设农业现代化设施，将农业知识、农业技术、现代农业理念以及创新产品融入到农业生产中，同时配备相应的农作物套种、间作模式及无土栽培等农业生产方式，引进城市生活中难以见到的农作物种类，形成休闲农业观光学习和体验的景点。三是要建设网络信息平台，给游客带来便利的同时有利于发展订单农业，推动园区的宣传推介和产品销售。

2.生态功能是休闲农业发展的保障

生态文明是建设美丽中国的重要理念，也是农业实现现代化和可持续发展的必然要求。因此，加强生态保护才能保障休闲农业可持续发展发展，也符合游客对休闲农业的需要。

一是合理利用资源环境，在休闲农业开发过程中，通过整合废弃的矿山工地、低沟洼地、滩涂荒原、荒山荒坡，经过治理改造，改善生态环境，实现低投入、高产出。二是运用标准化生产技术，注重标准化生产和科技创新，把现代科学管理、生物技术与传统农业精华相结合，构建出高产优质、高效低耗的农业生产体系。三是发展生态农业，利用现代科学技术与传统农业技术的精华，及“整体、协调、再生”原则，对废弃物进行无害化处理和资源化利用，获得生产发展、能源再利用、生态环境保护、经济效益等相统一的综合性效果，实现农业生产的良性循环。四是倡导绿色消费，园区规划时要坚持“低碳”理念，科学设计游览路线，增加游步道和自行车骑行道，以减少机动车辆的温室气体排放。同时要注重选用环保材料、清洁能源和高新技术，提高游客环保意识，倡导低碳生活。

3.科技是休闲农业发展的支撑

当前全球新一轮科技革命和产业变革蓄势待发，信息技术、生物技术、新能源技术等广泛渗透到农业农村各领域。休闲农业园区应该充分应用这些新技术，引领现代农业发展。

一是提高土地利用效率，研发立体栽培技术，实行林下种植、林下养殖等。二是进行无土栽培，既减少了土地休耕阶段农民的损失，又使农产品种植简单、安全、高效，促进了农业循环技术的发展。三是与高校、科研院所等单位合作，既提高了当地农业科技技术水平，又增加了游客对园区产品的信任度。四是建立农业技术研发中心和农业技术示范区，引进高科技人才，促进产学融合，加快研发成果的转化应用。

4.文化是休闲农业发展的灵魂

文化对休闲农业发展具有支撑和引导作用，在增加休闲农业的内涵和趣味性的同时有助于推动园区创新性发展。休闲农业园区应当成为我国传统文化的传承载体。

一是要发掘当地的故事传说、独特的农业生产方式和农村生活，让每个消费者享受文化带来的知识、情感体验和底蕴。二是要将当地历史文化遗址与当地休闲农业发展结合起来，开展重走古人路，探索古人事迹的精品路线，以农业观光带动文化旅程，两者相互融合，实现休闲农业的升级。三是要发掘保护农耕文化遗产，向社会公众宣传农业文化的精髓及承载于其上的优秀哲学思想，进而带动全社会对民族文化的关注和认知。四是弘扬红色文化，把休闲农业园区建成厚植红色文化的传播土壤，使红色文化转化为中国精神、中国价值、中国力量。

编　者